Maribel Félix Medina

Pájaro azul perdido

Poemas

Platero
COOLBOOKS

Título: Pájaro azul perdido

Primera edición: noviembre, 2024

© 2024, del texto Maribel Félix Medina.

© 2024, de la edición, maquetación y diseño Platero CoolBooks.

© Platero Editorial S.L.

Glorieta Fernando Quiñones s/n .

Edif. Centris, planta 2, módulo 10. 41940 Tomares (Sevilla)

info@plateroeditorial.es

www.plateroeditorial.es

Diseño de cubierta: Platero Coolbooks.

Printed in Spain-Impreso en España

ISBN: 978-84-10062-76-4

Dedico este libro a todas aquellas personas que han estado ahí siempre, a lo largo de los años y en toda la extensión del dolor, hasta volverlo apacible.
Gracias.

Lo que el poeta está buscando no es el yo fundamental, sino el yo profundo.
—Antonio Machado

Índice

Prólogo

Maribel Félix Medina me ha otorgado nuevamente el honor de abrir las puertas al universo de su poesía y de su más reciente poemario, *Pájaro azul perdido* (2024), un canto sabio y sereno que acoge con inusitada ternura las experiencias disímiles que nos presenta esta vida demasiado terrenal. No es la primera vez que prologo los versos de la poeta manchega. En *El abrazo de la tierra* (Platero, 2020), yo afirmaba que Maribel era «poeta de raza, poeta hasta la médula». Y en *No se puede amar a un animal herido* (Platero, 2022), resaltaba que su poesía se presenta como «la sanación de una herida metafísica» y que «nos retorna desde el primer instante a la esencia del quehacer poético: el ser humano». Pasados los años, reitero estas afirmaciones con la confianza de quien se cree conocedor de los temas, las emociones, las preocupaciones y los anhelos que van recorriendo el lenguaje poético de Maribel. En ellos, el tiempo ha sido un gran aliado para cuajar la serenidad y la sabiduría que llegan tras comprender que la vida nos puede alterar de diversos modos, con alegrías, tristezas o golpes tan profundos que alteran la sangre incluso al más frío de los temperamentos. Sí, el diario vivir suele presentarse con claroscuros. Sin embargo, en ese maremágnum vital, los versos de Maribel se elevan hacia un mensaje pleno de esperanza: es uno quien decide la actitud y el temple, la fuerza y el aprendizaje, quedarse o huir, dejarse vencer o resignarse a caminar con el mundo a cuestas: «Me va a tocar vivir / y no hay ganas de socorrer /

las embestidas del viento» («XIX», vv. 1-3). Y esa noble enseñanza no es gratuita; la poeta habla desde la experiencia, «He visto morir las mañanas» («X», v. 6), desde la calma de quien ha padecido el dolor de la pérdida pero sabe que hay algo eterno, «El amor salva a la muerte» («XLIX», 11), desde la melancolía que nos invade cuando los hijos abandonan el nido, «la vida va creciendo junto a ti» («VI», 17). Y al final nos regala lo que para mí es el mensaje más hermoso del poemario, un alegato a nuestra humanidad, a nuestro dolor, a nuestro espíritu fieramente terrenal, a la autenticidad que queda cuando las máscaras se caen, al encuentro con uno mismo cuando nos enfrentamos cara a cara con el vacío: «no huye el que vive con el corazón abierto» («IV», v. 19).

Gracias, Maribel, por el honor de tu amistad, por el placer de leer tus versos y por hacer de este poemario un paso más para entendernos a nosotros mismos y a esta vida que de vez en cuando nos deja sin aliento.

Luis Solís Mendoza,
Crítico Literario y Profesor Universitario

Nota de autora

Estos poemas recogidos en este *Pájaro azul perdido* forman parte de un tiempo gris y ceniciento que llegó a mi vida y que trajo mucho dolor a mi existencia.

Escribo estas palabras cuando ya las nubes se fueron alejando y el cauce de mi vida vuelve poco a poco a serenarse. Me parece mentira cómo puede cambiar el curso de la historia y, con este hecho, parecernos ajenas esas palabras que escribimos y esos sentimientos que las generaron.

En cualquier caso, las vivencias nos dejan un poso de amargura, de tristeza o de una inmensa felicidad, y yo siempre tendré a bien seguir esa senda que tanto Dios como la vida me va ofreciendo, de ahí el título del libro, pues, como bien sabéis, el pájaro azul simboliza la armonía, la felicidad, esa felicidad que, mientras escribía el libro, me fue negada, por eso, está perdida, aunque nunca aniquilada ni vencida.

Quiero dedicar este libro a todas las personas que en un momento de sus vidas han sentido esa pérdida de la felicidad para que siempre abran una nueva puerta a la esperanza, pues la vida se renueva constantemente y siempre hay motivos para encontrar nuestro pájaro azul.

La autora, en Soria, 4 de octubre del 2024

Lo mejor para las turbulencias del espíritu es aprender. Es lo único que jamás se malogra. Puedes envejecer y temblar, anatómicamente hablando; puedes velar en las noches escuchando el desorden de tus venas, puede que te falte tu único amor y puedes perder tu dinero por causa de un monstruo; puedes ver el mundo que te rodea devastado por locos peligrosos, o saber que tu honor es pisoteado en las cloacas de los espíritus más viles. Sólo se puede hacer una cosa en tales condiciones: aprender.

—Marguerite Yourcenar

I

Vuela,
vuela alto, cometa,
limpio el cielo para ti,
las notas de mi amor resuenan,
cánticos de libertad sobre la tierra sin fin.

El cielo,
el cielo azul se aproxima,
hoy renuncio a la medida angulosa del tiempo,
las caricias del sol serán mi vida,
las nubes de la vida fueron mi tormento.

En las estrellas me miro,
sí,
mi recreo en ellas,
mi soledad de la mano,
mi mundo derrama sus luces
en la mitad de mi tiempo recobrado.

Lluvia,
el sol que amanece,
el amor duerme en mí
y en la bendición de un nuevo día
mi sueño de sentirme eterna crece,
ya se apodera de mí.

Sueño dorado
que va despejando el camino
y sobre la hierba duerme,
el espíritu de mi vida se muestra arrinconado
en las lagunas de mis pensamientos,
verde es mi sueño dorado.

Sí,
va cambiando,
se desvanece,
ora se muestra apagado,
ora, sobre la vida, mojado
y sobre el amor floreciente.

26 de septiembre del 2021

II

Sobre el horizonte
se van quedando los sueños,
las cargas del día,
el río vertido,
la vida, su ira,
el canto de un niño,
la senda perdida
de nuestro fruto maduro.
Calienta el sol por igual
la sangre vertida,
el triunfo más espléndido,
las manos agrietadas
de valientes mujeres
que tiñen la vida de paz
con los harapos
que les han otorgado
quién sabe qué dioses desocupados.
Sobre el horizonte
el amor y el odio caminan
cogidos de la mano,
¿comprenden ahora mi deseo de volar?
Me marché como un ave
surcando el horizonte
para encontrar a Dios entre los muertos,
pero no le supe ver,
aunque creí,

de veras creí,
que su alma yacía tumbada
sobre la sangre aún caliente
de sus amados hijos.

Sobre el horizonte
diviso una luz que se marcha
y entiendo que un nuevo día está al caer,
con sus muertos y sus vivos,
con sus palabras gastadas,
con todo el infortunio de esta vida,
renovable y maldita,
con la que hemos de lidiar cada día,
tan solos y desamparados
que sentimos que sólo Dios
sigue creyendo en nosotros.

12 de octubre del 2021

III

Con todo el amor para mi padre

No se me olvidó la noche,
el tejido de los sueños
sobre mi almohada de plata,
la distancia duradera
que envolvía mis mañanas,
aquellas sí,
de pelo largo mi sombra,
de tus pasos sigilosos
del trabajo a tu honra.
Tu mano en mi cabeza,
tu sonrisa bonachona,
que sí, que los días pesan
mucho más que tus alforjas.
Las pisadas del camino se quiebran
como cuchillos enterrados en la nada misteriosa.
Ahora van llegando las horas
y se cuentan las mañanas como alondras viejas,
desamparada mi alma.
No sé si sabes que no huye el que vive con el corazón abierto,
se van llegando las alas
en esta noche callada
sin tu vivir en mi cuerpo.
La muerte agota los sentidos
y se van huyendo los días,

las noches cansadas,
la vida se acuerda de ti, tú, mí, me, conmigo,
recito la estrofa del colegio,
cuando niña te recuerdo,
cuando mujer te lloro.

16 de diciembre del 2021

IV

Qué sabemos…
qué sabemos del mar, lluvia de plata,
de la lluvia caliente,
de la pobreza del alma,
de las risas contenidas
en las mañanas dormidas,
de la vida que se acaba.
Qué sabemos,
qué sabemos de las auroras mojadas,
de los relámpagos sueltos,
de campanas en cielo abierto,
de estrellas de madrugada.
Brilla el cielo en mí
cuando la luz se apaga.

Qué sabe de mí la tierra,
si soy un árbol perdido,
un pájaro, un amor, un nido,
una vida que comienza.
Ríos de lluvia me mueven
la sed primera,
el llanto limpio,
la vida y sus esperas,
sus tristes poemas,
sus cuartos vacíos.

Qué sabemos si reímos,
si lloramos,
si vivos o muertos,
si andando deprisa,
si corriendo buscamos,
qué sabemos del amor,
de ese niño que se duerme
en su palacio dorado.

Qué sabe de mí la vida,
qué aventuras escondidas
tras las ventanas cerradas,
si sueño despierta
con el alma descuidada.

Cobijo azul hay en mí
que sutilmente respira,
ahuyenta el aire, se duerme
y se desnuda ante ti.

26 de diciembre del 2021

$\mathcal{V}$

No,
no es fácil resistirse al abandono
de sentirme reflejada en tus ojos, en tu alma,
mi yo perpetuo,
mi niña dorada.
Más allá de mis días
se eleva tu vida, tu música, tu canto,
mi esperanza se duerme cuando no te alcanzo.
Vuela,
vuela tu alma
y me invade la mía,
llenándola de rosas y fantasías,
quiera el cielo tu felicidad,
aunque las lágrimas se estrellen en la mía.

El paso sigiloso de los días muertos
se deshace en tu aureola de corona sin espinas,
la vida va creciendo junto a ti.
¡Qué infame la vida, Sofía!
Yo te quiero solo para mí,
mi hija bendita,
mi niña de colores claros,
de inviernos acolchados
en el latir del mundo,

a solas,
con ríos,
con mares,
con cascadas de fuego,
a solas,
eterna,
siempre junto a mí,
así te quiero.

3 de febrero del 2022

VI

En la caja del alma
la poesía descansa,
rueda y rueda en ella
la vida entera.
La lluvia, las palabras,
el manto dorado de los días,
el fuego que arrulla mis silencios hablados
y mis melancolías.
Poesía eterna,
manto incalculable de fragancias hermosas,
en ti duerme la vida fulgurante
y las pequeñas cosas.
Pequeñas, sí, pero grandes,
como góndolas abruptas
por los canales profundos de Venecia,
como el recuerdo de aquella Ítaca rebelde y misteriosa.
Aquella luz que se apaga
cuando emerges del silencio y brotas,
como fruta nacarada
con la piel expuesta
hacia la luna pretenciosa.
Poesía abierta en canal
que disparas tus armas,
en la belleza vives
como la vida de un cuento sin fin.

Poesía
eterna en los mares de mi vida,
yaciente en los copos de la vida,
hoy la belleza vive por ti.

Febrero del 2022

VII

Versos para vivir,
poesía para soñar
que no existe la guerra
y que vivimos en paz.
Paz de los niños,
sumergida en el lodo
ante unos ojos que sangran su ira
de altos hornos.
Lluvia de poesía,
fresca, azul, transparente
como danza de estrellas
brindando su alegría
ante la muerte.

30 de marzo del 2022

VIII

Hoy escribo unos versos nuevos y gastados,
versos que comparten la maldad del mundo,
las aceras olvidadas
que regresan a la vida
en un segundo.
Versos que no comprenden el llanto de un niño,
esa lágrima que resbala por la mejilla aún rosa
de inocencia temprana.
Versos, versos moribundos
nada más nacer.
Versos de Dios, o del diablo,
que acurrucan su dulzura
y se apagan en el árbol de la vida maltrecha,
versos de palabras que han perdido la cordura
apenas sin darse cuenta.
Versos…
Éxtasis de ese laberinto
que cruza la estepa
como senos levantados
hacia la gloria infinita.
Versos de agua, de lluvia maldita,
palabras que se quedan apoyadas
en el quicio de la puerta que se cierra,
palabras de amor tristemente enamoradas,
plegaria de palabras en cadena.

4 de abril del 2022

IX

He vestido de negro mis pisadas
y el camino me recuerda
antiguas caricias,
noches de cristal de galas apagadas
marchitas en la alfombra susurrante de los días.

He visto morir las mañanas,
sentenciada la noche y su sueño más largo,
abierto el corazón, cerradas las ventanas,
mi vestido de princesa de cuento amargo.

Quiero vivir
—bien lo sabéis—
a cuerpo abierto,
a ratos desnudado,
con ritmo y frenesí
de poema eterno,
desde las aristas melancólicas del pasado.

4 de abril del 2022

X

A mi hijo Juan Carlos

No, no los veremos,
a los cisnes salvajes y
su inocencia quedará para siempre
en un rincón de la nada misteriosa.
No habrá vida, no habrá rosas
ni cogidas de la mano
como cuando ayer…
Me surgirá el tiempo de los impedimentos,
borracha de hiel, mi estela
acabará sonando a cantinela de música barata,
no,
no habrá sortijas de plata,
nunca las ataduras te gustaron,
siempre la libertad hechicera.

Poema minúsculo,
estampa de la vida traicionera,
la libertad se pierde en un segundo,
allí,
en las míseras fronteras
entre la nada y su sombra.
Como un mensaje de la noria transitoria
el árbol marchito de mi vida se deshoja,
sólo habitan ecos de nubes en tormenta

y salvajes pinceladas de ese azul
sobre mis manos sangrientas.
El destino es tan cruel
que no alimenta a sus hijos perdidos,
somos migajas de pan por el camino,
señales en cruz por las tinieblas.
Tu río se seca
y el oído se pierde tu risa,
cómo obtener tu respuesta
en este silencio cobarde
manchado de odiosos ruidos.
Tan sólo eso,
el resto de mi alma en el papel
deshecha la vida que nos queda
y el corazón helado,
marchito por siempre en ruinas de caverna.

1 de mayo del 2022

XI

A mi amiga querida Lucelly,
poeta de grandísima sensibilidad

Carrusel,
carrusel de los sueños perdidos,
si acaso navegas conmigo
acordándote del ayer,
no sufras,
la estela de la buena suerte
siempre se alegra de verte,
siempre cruzan
tus pisadas de papel.

Carrusel,
sonrisa de madrugada
sobre la espalda mojada
de aquel misterio de ayer,
lluvia y muerte en las aceras
salpican la vida entera,
cruzando mares,
abriendo estrellas.

Carrusel,
música evanescente,
estrofa de silencio que se oculta de la gente
y lanza piedras a la orilla de un mar callado;

susurros arrinconados
frente a esa quietud que duerme.

Carrusel,
silencio de calles,
silencio de hombres frente al azul valiente
que sueñan con pájaros
de sueños soñados
entre lágrimas calientes.

Carrusel entre cenizas,
entre campanas sin prisa,
entre diamantes fugaces,
entre el amor que florece.

7 de julio del 2022

XII

En la desesperanza de la cama,
en el desengaño de los huesos,
en la quietud de la noche,
en la mañana podrida,
en los sueños que se acercan
más allá de la derrota,
en las nubes que se alejan,
en la vida que termina.
En ese vaso vacío,
en esa lluvia que pesa,
en las cabezas mojadas,
en esa ventana abierta,
en la soledad del náufrago,
en el final del poema
está mi Dios esperando.

10 de agosto del 2022

XIII

Al poeta Mario Benedetti, inmortal

Leer a Mario es sonreír,
¿a qué?
A la vida, al desastre, al infortunio,
brillar mientras está oculto el horizonte
y no esperamos nada de nadie,
es, por supuesto, una manera de vivir tan digna como otra.
Leer a Mario siempre es una eterna escapada,
¿de quién?
Del más allá vienen las nubes
y las estrellas me acompañan
allá donde el vuelo de las alondras
me puede aliviar del mundo.
O vivir entre sopores de esperanza
mientras se van congelando,
los destinos que soñaste algunas veces
mientras mirabas el mar.
Leer a Mario es vivir,
hablar con tu gata,
escuchar ese miau placentero
mientras escribo esto.
Benedetti es la llave perdida de mis sueños
y el encuentro, ¡oh, magia pura!,
con la esencia de mi ser poético.

11 de agosto del 2022

XIV

A veces se incendian
esos ojos que miran,
despegan sus alas
frente al azul horizonte,
quisiera perderme
para siempre en el aire
en ahogados destellos
de vendaval invencible.
Resulta difícil
enhebrar los recuerdos
con fragmentos dormidos
de olvidadas memorias,
abrirme a la noche,
tocar tus ensueños,
zapatillas mojadas
con las suelas rotas.
Resulta que a veces
dormimos, callamos
y la vida pasa
casi sin rozarnos.

12 de agosto del 2022

XV

Si alguna vez el río se seca,
si ocurriera alguna vez
un sopor determinado,
espero tener la angustia sujeta
(pájaros de dolor volando sobre el lodo).
Es de pena mi hiel,
en mi cuerpo habitan sombras
que a ratos no conozco,
se atempera mi pecho,
mi dolor es escarcha
que va cayendo
sobre la luna mágica.
Sí,
es difícil sostener en la mano
el puñal que se inca en la carne,
aunque no te mata.

2 de septiembre del 2022

XVI

Un susurro me late
en el azul dormido de la memoria,
las flores secas,
el alma quieta,
se repite de nuevo la historia,
son remolinos salvajes
los hilos que cosen
la luna rota.
Mi piel es escarcha,
es duelo sin pena,
mi piel me condena,
me ata al suelo
y no corre tanto,
como el alma vuela.

8 de octubre del 2022

XVII

La tarde sueña que corre,
que puede alcanzar al viento
y sus mil lágrimas se estancan
mientras va corriendo.
Lluvia de agua
anida en mis pensamientos.

La tarde se mece,
se va mojando por dentro,
es una tarde más,
es una tarde menos.
La lluvia me va calando
y en las paredes de los recuerdos
retumban como en hoguera
las almas de esos recuerdos.

Sube el reloj del tiempo,
allá, a lo lejos, un ruido,
mi viejo y gastado reloj
me cuenta lo que no he sido,
qué difícil resulta el amor
cuando no lo vemos.

Entre montañas y valles
se esconde la vida,
se van huyendo los días

al país del desconsuelo,
flotan las manecillas del corazón,
las láminas del alma pronuncian no,
a qué páramo descalzo
irán los sueños.

19 de octubre del 2022

XVIII

Me va a tocar vivir
y no hay ganas de socorrer
las embestidas del viento,
remango mis manos,
me empujo hacia adelante
y no hay Dios al que culpar
de mis desvelos de amante.
Caricias… mis manos,
mis ojos ardientes
por lágrimas que arrastran
los ríos de hambre,
de sed que calienta
los párpados heridos
y las fuentes del alma,
se quedarán dormidas
las luchas malditas.

Me va a tocar vivir sin ganas,
sola yo y el tiempo que llega
sofocando las perlas
que un día tuvimos…
aquellas que fueron convertidas
en piedras
a lo largo del camino.

Me va a tocar vivir
de esta manera tan poco juiciosa.
Levantaré el vuelo,
me tornaré en paloma,
ay, qué me pesan los días,
las noches sin gloria,
las trampas del mundo,
y esa luz que no completa
los hilos mal cosidos de la historia.

2 de noviembre del 2022

XIX

Dedicado con todo mi cariño a mi amigo,
el poeta Javier Villamizar

Ha sido un largo año,
desolado y abrupto,
y amanece cada día…
y su sombra se va quedando quieta
en el espejo de mi melancolía.
Fue y ya está pasado,
los fuegos de la vida
han ardido en el ocaso.
Y tu nombre…
Tu nombre resuena
cual leyenda
y las músicas gobiernan
esta llama de amor enamorada
sobre la congoja inalterable de la tierra.
Ay, Dios,
mi amor se queda solo
y el hilo cosido del mundo
me devuelve los pasos rotos.

19 de noviembre del 2022

XX

Para Priscila Álvarez Muñoz, para su arte

Como un huracán frenético
esa llama de agua clara,
como un huracán frenético
esa llama de agua clara
que va respirando lento,
respira fuera del agua.

Sí, como esa llama,
como esa llama
que a través del tiempo corre
y que la muerte no para.

Se para en mis adentros,
se para en mis adentros
como una garza callada
que goza con el momento
de sentirse enamorada.

Ay, que te llevo dentro,
Ay, que te saco fuera,
empápate en tu sueño
como si fueras leyenda.
Ay, que te llevo dentro,
Ay, que te saco fuera,

del sueño que llevo dentro
y que mi alma recuerda.

En la fuente de la vida
navegan los peces claros,
en la fuente de la vida
navegan los peces claros,
y me parece mentira
que ya no estés a mi lado.

Ay, ay, ay, ay.
Ay, ay, ay, ay.
Ya no está Lorca en el barro,
La vida lo ha rescatado.

21 de noviembre del 2022

XXI

Abajo el sendero,
arriba las huellas,
de tu velo blanco
callada respuesta.
La luz que se filtra,
cascada risueña
de los tiempos cortos
que no dan respuesta.
Tu flujo, el mío,
cascabeles yertos
que se lleva el río,
tu canto, sereno,
el mío, vacío
en los bordes mágicos
que tiene el olvido.
Y en las musarañas tristes,
esas donde vivo,
aguardo tu vida,
la sed, la agonía
de este roto mar
donde hoy me miro.

XXII

Entre las reliquias de las nubes
guardo un recuerdo encendido,
es la sombra de los días
que perdí en el abismo.
Guardo…
un silencio entre nostalgias,
melancolía de gata
que va almacenando penas
en las orillas del alba.
Guardo…
Guardo mis llantos,
mi torpe andadura,
mi animal herido,
mi camino a oscuras.
Guardo…
guardo la luz de ese nuevo poema,
promesas cortas
de un largo invierno
de rincones de barro
de penumbras desiertas.
Guardo…
guardo tu amor
—pájaro en jaula—
guardo el río que soy,
esa ventisca que muerde,
guardo la lluvia que vibra

entre los tejados débiles.
Guardo esa mar que busco
entre las páginas verdes,
me guardo dentro a mí misma
para no llorar claveles.
Guardo…
guardo lo que sería,
lo que contiene la vida,
la esperanza que hay en mí.
Guardo la melancolía
entre páginas desiertas,
entre confines sin fin.

25 de noviembre del 2022

XXIII

Ahí va,
con su hermosa aureola,
escondiendo su divinidad
o su falta de ella.
Se está bien por las alturas,
así te evitas pisar los charcos,
o las almas de los pobres,
caminando entre tristes aguas.
La soledad del ganador no es
bastante recompensa,
necesitas mostrar tu alma
para acompañar tu último triunfo.
Necesitas enhebrar ese momento
en el abrazo perpetuo de esa noche blanca,
poblada de nieve y estrellas
tu fugaz aureola.

Pero tú
escondes tus triunfos
en cenizas subterráneas
más allá de la niebla,
y cobijas tu esperanza
en el canto de ese pájaro
que sobresale en las alturas.
No seas quimera,
tan solo bruma blanca

que se interne, suavemente,
en las gargantas doloridas
del alma desnuda.

Tú,
araña esa vida que te queda,
a la vez que el destino va cubriendo los días
y las noches de amor sobresalen
como cántaros llenos de bruma,
ambrosía de los sueños rotos
en el correr magistral de la lluvia.

Escápate del mundo sombrío
al que ya no perteneces,
y ven a morir tranquila
a los verdes pastos de la humilde hierba.
Tiembla mientras sientes
que la vida no es lo que pensabas,
mientras iba creciendo en ti
y en las rosas florecientes.
Abre tu camino a la misericordia de Dios
y aléjate, por siempre, del espíritu del mundo.

8 de diciembre del 2022

XXIV

Miro por la ventana
y miro el hueco de mis angustias pasadas,
un lado del corazón carcomido,
se van quedando dormidas las entrañas.
Afuera la luz se oscurece cuando el viento sopla...
se santiguan las mujeres del mundo
mientras se quitan la ropa.
Es difícil sortear los días,
esa tragedia cotidiana que anuncia el rojo, vestida de blanco.
No me llevan los zapatos
de estas pisadas de agua caliente
que rozan el aire indiferente
y van sujetando los muslos,
—estatuas de pie desnudo—
con las manos, con la frente.
Mi cuerpo es, tal vez,
esa copa de brisa que en el aire se enmudece,
o esas luchas que se empapan
de toda la tierra mojada
que es vencida por la muerte.
Ven, ven a mí y no llores,
el corazón del mundo está palpitando
entre sábanas negras,
en ese llanto callado que se cuela por la vida
sin más Dios ni más mentiras
que las verdades colgando.

18 de enero del 2023

XXV

Al compás del viento
dormitan los sueños
que llevamos dentro.
La angustia se vuelca
—campana revuelta—
el frío se esconde
detrás de mi puerta.
La sangre se hiela,
enmudece el tiempo,
y entre telarañas
anida el recuerdo
de días pasados,
de frágiles sueños,
de cuentos que cuentan
el olor a versos.
Mañanas de fiesta,
tardes de paseo,
se acerca la noche,
se olvidan los sueños,
y tejiendo risas
con sus aleteos
los pájaros vivos
salpican el cielo.
Brillo de luz,
alfombra de plumas,
palabras que encienden

la tarde dormida,
el odio se olvida,
el silencio es cura de mis alegrías,
y el canto que anida
en la duermevela
es vida sincera,
es rostro calcado
de este laberinto
que envuelve a los siglos
sin darles bocado.
Ayuda la calma
de los días tristes,
no siempre perdura
la verdad dorada,
aullidos de perro,
sombras de cigüeñas,
una voz que tiembla,
otra que acompaña.
¿Es ésta la vida
de los sueños rotos?
No sé qué pensáis,
decidlo vosotros.

17 de febrero del 2023

XXVI

El tiempo y los pasos
se encuentran a veces
y en la lontananza
se miran perplejos,
sacos de luz
que tiemblan a la vida
sin haber perdido
aún la esperanza.
El vaivén de los tiempos
me revive la vida
y no es banal la espera,
la vejez divina
se acuesta temprano
en el horizonte
de los cálidos sueños.
Siempre perdurará
el brillo de la luz,
aunque sepas, claramente,
que la muerte se acerca,
ya sabes, hace tiempo
que morir es crear
un camino de soledades
que ya no son amargas.
Sí, lo sabes,
morir es vencer…
A la duda, al duelo.

22 de febrero del 2023

XXVII

A mi hija Sofía

Para que no pierdas el norte
toma estos atlas, paisajes del mundo,
y este corazón desdichado
que ama, por ti, la vida,
sabes bien que reconozco
cada pliegue de tu alma.

Te dejo un manual de instrucciones
en cada verso que escribo,
nunca fue aconsejable
partirse así el alma,
soy poeta de mar adentro,
las tinieblas de la vida me acompañan.
Me dejan huella los días
y también las tempestades,
nunca te arrimes al pozo,
nunca te rindas,
nunca comprendas,
tan sólo vive.

La derrota no existe
tan sólo una espuma blanca
que nos va mortificando
a las que somos hijas
de esta vida sin luz.

22 de febrero del 2023

XXVIII

Dicen por ahí que hay un pueblo con muchos camellos.
Dicen por ahí que los guardianes de la ley atrapan nieve en vez de asesinos.
Dicen por ahí que es tan fácil romper corazones como cantar canciones de amor bajo la luz de la luna.
Dicen por ahí que las familias explotan, y no queda en las nubes nada con qué cobijarse…
del frío,
de la desesperanza,
del amor perdido,
de la vida inexistente.
Dicen por ahí que los hijos ya no son hijos,
sólo estelas sin sombra que se funden con el humo.
Dicen por ahí que a veces el corazón se encoge y con el polvo que suelta se van cubriendo las telarañas vacías de tu vida.

Digo yo que qué será esta lluvia maligna que me va empequeñeciendo lentamente
y me lanza, como a una mierda, debajo del pupitre donde escribo.
Digo yo que ya parece que olvidé por qué escribía.
No me acuerdo de las letras de mi nombre
ni de los motivos por los que a veces sonreía,
a los pájaros,
a la vida
y a esa terquedad inútil por ser feliz.

25 de febrero del 2023

XXIX

El amor es esa herida
que se nos quedó por dentro,
vida rota, rota vida,
momentos detrás de momentos.
Se acuesta dormido el amor
y se levanta despierto.

El amor acaricia
lo que nos cuesta la vida,
vida pobre, vida rica,
vida que nutre los campos
con espigas de risas
y amapolas de llantos
y negra como la hiel
que tristemente amamanto.
El amor, sí, el amor,
la dicha que siempre busco,
raro encuentro,
en las paredes del mundo
y en los muros del silencio.

31 de marzo del 2023

XXX

Guarda el reloj un silencio
que le da la vuelta al miedo.
Corre y apura,
le siembran las dudas,
la cárcel, la dicha, la espera,
guarda y guarda el reloj
la paz y la guerra.
El niño que se duerme,
el que nunca te atiende,
el que siempre se esconde
detrás de la puerta.
Muros cargados de cansancio,
pasión y risas de labios
que no saben gritar a conciencia,
guarda la llama de los días cansados
y de los días de fiesta.
Por los siglos de los siglos
se retuerce en las cavernas,
al igual que Platón gozando sus miserias,
y sus cantos acompañados
del fluir cotidiano
con las puertas entreabiertas.
Reloj de papel,
reloj de tiempo,
de todos mis espejos,
de todos mis encuentros.

Caricias de noches embalsamadas,
como ratones de bibliotecas
que hubieran perdido la conciencia de vivir
en oscuras galopadas.
Frío y calor que se quejan
de lo que nunca se acuerdan,
de lo que nunca han vivido,
dramas de un olvido que se ocultan por las nubes,
musarañas de madrugada sin ruido.

7 de abril del 2023

XXXI

Soy madre, sí, madre,
de una gata que alumbra mi casa,
de unos hijos que se apoyan en el aire que respiro,
soy madre en las risas
y también en los olvidos.

Me acerco como un animal hambriento,
como el sol que extiende
sus alas poderosas
sobre el azul del cielo.
Madre, sí,
de todo lo vivido,
de todo lo soñado,
de sombras y luces por caminos sin ruido,
caminos que fueron negros en vez de dorados.
También ahí dejé caer el vuelo,
aunque no la insistencia,
ni mis zapatos tristes de acero,
ni los nidos del amor en mi conciencia.
Aunque pesaron los días, seguí siendo madre
en tiempos de lluvias
y también de sequías,
nací madre un 23 de abril,
así quiso Dios recompensarme.

7 de mayo del 2023

XXXII

Se cubre de alas la muerte,
serena, se cierra la vida,
se quedan abiertas las venas
titilantes de la herida.
Y esa voz que naufraga,
y ese niño que duerme,
cubiertas las horas amargas
suspendidas en la frente.
Ay, niño, no te alejes…
que las ventanas que abres
sólo las cierra la muerte.

Sol y vida,
mañanas en sonrisas,
tardes de desprecio,
mi noche ya no es blanca,
de mis sueños me arrepiento.

La gloria se atempera,
mi fuego es escarcha de luna rota,
el dolor me cubre el alma,
cabalgo y soy un animal herido,
una voz que no habla,
un ruido que rompe el silencio
con las piedras del camino.

Se agota la vida,
las horas se revuelcan
en este cementerio de alimañas
que brota salvaje de la tierra.

Horas de ayer que se cosieron con risas,
pero tú y yo ya no estamos,
nuestro vuelo se detuvo
una mañana temprano.

No habrá tarde,
ni inviernos de hielo,
ni veranos de la mano,
sólo sombras en jaula,
fuimos caprichos de un destino
que nos soltó a un abismo
con las manos congeladas.

La conciencia del río se para,
malas presencias,
amores y desdichas pasean sus miradas
en el árbol abierto,
en el sueño perdido,
somos perdedores,
redobles de tambores al final del camino,
angustias dibujadas en la línea del tiempo,
estelas apagadas en el fuego divino,
tan sólo sombras, hijo,
tan sólo somos el eco que el tiempo se ha perdido.

18 de junio del 2023

XXXIII

Iré si me lo pides.
Sí, arribaré despacio hasta el final de aquel sueño favorito
que hacía de tu sonrisa un universo eterno.
Sí, no pienses ahora en la muerte de la vida,
ya viene trenzada, y no busca tu alma,
sólo el cuerpo decrépito,
esa masa uniforme que alberga los sueños dorados que viví
contigo.
Dónde albergaré tu olor,
es seguro que ahora no podré alcanzar esa felicidad reticente,
ese camino sin espinas que imaginé allá,
en las praderas de la infancia,
en ese caminar pausado que anduve buscándote,
tantos años de una liturgia de la cual me enamoré.
El tiempo se ha dormido en mí
y solo escribe palabras que ya perdí mientras dormías,
relatos de un naufragio sin límites,
pedazos de esa aurora que fabriqué para ti dentro de mi ser.

2 de julio del 2023

XXXIV

A mi hijo Juan Carlos

Estaré contigo mi bien,
en un peldaño de tu escalera loca,
en esa risa gastada de tu boca,
en esa ciudad de niebla triste
donde mueren las horas.
Recuérdalo todo,
no te dejes mentiras que contarte,
ni el río de ese mar donde quebraste
(cuarto menguante de luna fundida en el lodo).
Recuerda, por si acaso,
que la vida se va cociendo lenta a través de los fracasos,
y se pierde el amor,
por los costados vacíos
de la vida presurosa,
como un amor a la deriva,
pobre amor perdido,
en la senda misteriosa del olvido.
Amor inexistente parece,
ni tuyo ni mío,
tan sólo es el olor de lo que nunca hemos tenido,
de lo que nunca hemos soñado,
de verdades a medias,
de mentiras dispuestas sucumbiendo a la vida.
Es cierto que soñé primaveras

cogidos de la mano,
es cierto que soñé con tu rostro
mientras en mí vivías,
hoy añoro la cuerda de cristal que sujetaba tu vida a la mía.
Hoy presiento que lo hemos perdido todo.

3 de julio del 2023

XXXV

Hay huellas que marcan el camino,
hay regresos que siempre traen la vida,
hay caminos sin retorno
y pasión sin alegrías.
Hay ríos menudos
que bajo el mar florecen,
hay lluvias que riegan los caminos polvorientos,
hay milagros en penumbra
y tormentos en desiertos.
Soy una voz que se apaga,
una lágrima por dentro,
un destino inacabado,
un dolor fuerte y eterno,
porque hay niños mayores,
porque hay hombres pequeños,
y nombres que son ardores
y quebrantos que son duelos.
Hay un mañana sin hoy,
y hay un ayer que se ha muerto
antes de darle la espalda
a los años polvorientos.

29 de julio del 2023

XXXVI

Me acuerdo aún de aquel recuerdo,
instante febril en mi melancolía,
volví la espalda y me acunó el día,
nuestra luna murió mientras dormías.
Soy un día sin ayer,
una nostalgia empedernida,
una triste verbena ya apagada,
un sinfín de recuerdos se destapan,
y me devuelven tus caricias en las mías.
El corazón se encogió y se apagó la luz
y las ventiscas entraron a raudales
y el olvido esta vez me devolvió
las horas convertidas en pesares.

31 de julio del 2023

XXXVII

Vas a estar ahí,
escondida entre mis páginas,
yaciente entre los pliegues, los arrullos y la dicha,
o tal vez entre las rendijas de mis dedos,
o en el aura de mis poemas,
esas palabras cortas frente a ese universo azul que nos contiene.
Vas a estar en mí,
en mi aire,
en mi dicha,
esa que amas tanto,
aunque no me lo digas.
Sí, estarás en mis dedos cuando escriba,
en mi sueño, mientras duermo,
en mi luna, cuando miro,
en mis luchas, mientras tiemblo.
Estarás en mí
y en la sombra de mi alma,
y en la campana desierta de mi cuerpo,
y en mis ojos cerrados,
y en mi corazón abierto.
Y cuando quieras sentir mis latidos,
tal vez mis pies ya se habrán dormido
y solo podrás buscarme en mis versos.

6 de agosto del 2023

XXXVIII

Sereno está el refugio de los muertos,
tiemblan, bajo mi voz, los días cotidianos,
aquellos que vivieron la vida a dentelladas y bocados,
tiembla, tiembla mi voz mientras recuerdo
aquel día en que partiste,
aquellas palabras que nunca me dijiste,
la sombra de aquella tumba quieta,
mi corazón revuelto.
Los muertos se quedan en la vida,
el amor se clava en los caminos polvorientos,
luces y sombras se cuentan sus pecados en el jardín desierto.
Sereno está el refugio de los muertos.

28 de septiembre del 2023

XXXIX

Ni de mi nombre,
ni de mis sueños,
ni de la lluvia que empapa mi cuerpo,
ni de mis luchas,
ni mis tropiezos,
ni de mi angustia,
me marcho lejos,
adonde el río sueña con juntarse con el cielo.

Me voy con la esperanza que aún me queda,
me voy con la tristeza que llevo puesta,
no es ligero el equipaje que atesoro.
Me da para seguir amando
las dobleces del mundo,
los puentes, los milagros,
la vida que perdí,
la que me espera,
la vida que aún sigo esperando.
Ni el pasado que aflora podrá detenerme,
ni el futuro que busco delante de mi muerte,
soy lo que tengo en este momento.
No se desprende la luz en un segundo,
ni se construyen sobre piedra las parcas moradas del mundo,
danzan en el tiempo las verdades de la vida.
Camina, Maribel, camina,
y no mires atrás,

siempre tu verdad adelante,
ni los designios de Dios sobre la tierra
pueden ni deben pararte.

11 de octubre del 2023

XL

A Rosario Yepes, mi amiga

Tendrás que morir en sábado,
espérame.
La carretera será solidaria conmigo,
y recorrerá kilómetros en segundos
para darte mi mano ante la cruel despedida.
Espérame,
que no podré vivir con esa angustia
de saber que has partido
sin que sepas que te quiero,
por última vez.
El amor salva a la muerte
y sus olas de vida
van delante de mí,
corren más que mi coche,
te llegará antes mi amor que yo.
Pero pido alas poderosas,
que crucen el cielo, infatigables,
que naveguen por mares invencibles,
para que la vida que atesoras
no se derrame mientras llego.

10 de diciembre del 2023